SO-AJR-086

WITHDRAWN FROM
SAN BENITO COUNTY
FREE LIBRARY
NOT FOR RESALE

92638
7/01

SAN BENITO COUNTY FREE LIBRARY
———
Request for books must be ac-
companied by borrower's card.
For overtime, a fine of 10 cents
per day for adults and 5 cents
per day for juveniles is incurred.
No books will be issued to per-
sons in arrears for fines.
For information call 637-2013.

# NO SIENTAN LASTIMA POR PAUL

## Texto y fotos de BERNARD WOLF

## Traducido del inglés por XIMENA LOIS

J. B. LIPPINCOTT COMPANY / PHILADELPHIA AND NEW YORK

AGRADECIMIENTOS

El autor desea expresar su gratitud a las siguientes personas, por su generosa ayuda y apoyo durante la preparación de este libro:

Dorothy Briley, J. B. Lippincott Co.; Herbert Kadison, director de relaciones públicas, Institute of Rehabilitation Medicine, Ciudad de Nueva York; Dr. Leon Greenspan, director de servicios clínicos, División Infantil, I.R.M.; Dr. Selene Jaramillo, jefe de Servicios Infantiles de Pacientes Externos, I.R.M.; Liesl Friedmann, supervisor clínico, terapia ocupacional infantil, I.R.M.; Alma Klindera, terapeuta ocupacional de mayor antiguedad, División Infantil, I.R.M.; Fred Eschen y John Eschen, hijo, Eschen Prosthetic and Orthotic Laboratories, Ciudad de Nueva York; Mike Levins, quien preparó las excelentes copias fotográficas para este libro; y Fred y Pam Kempter. Sobre todo, el autor está en deuda con la extraordinaria familia Jockimo.

U.S. Library of Congress Cataloging in Publication Data
Wolf, Bernard.
No sientan lástima por Paul.
(Libros Lippincott en español)
Translation of Don't feel sorry for Paul.
SUMMARY: Photographs and simple text capture two weeks in the life of a handicapped boy learning to live successfully in a world made for people without handicaps.   1. Handicapped children—Rehabilitation—Juvenile literature. [1. Physically handicapped. 2. Spanish language—Readers] I. Title.
HV888.W6413     362.7'8'430924 [B]     78-20549
ISBN-0-397-31848-0     ISBN-0-397-31890-1 (LB)

Copyright © 1974 by Bernard Wolf
Spanish translation copyright © 1979 by J. B. Lippincott Company
All Rights Reserved
Printed in the United States of America

9 8 7 6 5 4 3 2 1

Este libro está dedicado
a mi esposa Ana,
el mejor y más verdadero acontecimiento en mi vida.
Sin su valiente ejemplo,
esta historia no se habría contado.

92638

Algo andaba mal cuando Paul Jockimo nació. En su mano derecha, donde debía haber cinco dedos, había solamente un pedazo de puño flexible. En su pie derecho, donde también debía haber cinco dedos, había un pedazo de talón flexible. En su mano izquierda, había un pulgar alargado y un enredo de dos dedos, y en su pie izquierdo, solamente el talón y el dedo grande. ¿Qué había pasado? Ni siquiera los expertos médicos pueden decirlo. ¿A quién había que culpar? A nadie. Sin embargo, Paul está lisiado y tiene que aprender a vivir en un mundo hecho para personas sin impedimentos físicos.

Paul vive con sus padres y dos hermanas mayores en el pueblo de Mt. Kisco, Nueva York. Hoy, sábado por la mañana, a principios de otoño, él quiere vestirse lo más rápido posible. Su padrino, Fred Kempter, y su esposa, Pam, pasarán pronto a buscarlo. Pam va a enseñarle a montar a caballo.

Para la mayoría de las personas, el vestirse por la mañana requiere poca concentración y esfuerzo. Para Paul y otras personas como él, el vestirse toma mucho tiempo y cuidado especial. Antes de comenzar, ya ha colocado su prótesis junto a la ropa sobre su cama. La prótesis es un aparato artificial que se usa como sustituto de una parte del cuerpo que falta. Paul debe usar tres de estos aparatos: uno para el brazo derecho y dos para las piernas.

Paul se pone la camiseta. Antes de colocarse la prótesis para el brazo, debe ponerse un pedazo de calcetín blanco recién lavado, para protegerse del roce que le causaría ampollas. La limpieza también es importante. Su mamá debe lavar frecuentemente el interior de la prótesis con agua y jabón, y luego secarla cuidadosamente, para evitar el desarrollo de bacterias que le causarían una infección en la piel.

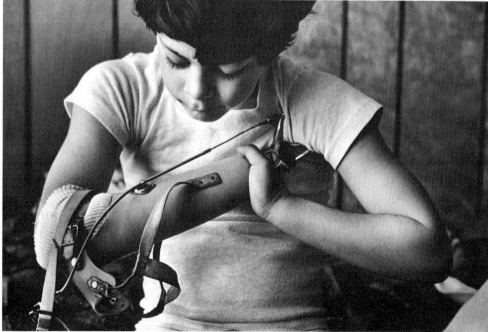

Ahora Paul mete el brazo en la boquilla de la prótesis, que es un molde sintético y ahuecado. En el extremo de la parte de afuera, hay dos puntas de acero curvadas. Este es el gancho que reemplaza la mano de Paul. Con él puede tomar objetos, levantarlos y manipularlos. Encima del gancho, y sujeto a él, hay una palanca de acero. Alrededor de la punta de esta palanca, hay un cable de acero envuelto, que está cubierto por una cavidad hueca. Este cable flexible pasa a través de un cuello de metal, que está atornillado al molde para evitar que se doble. El extremo del cable está sujeto a una armadura.

Paul coloca la armadura de tal modo que, por atrás, él pueda meter su mano izquierda por la lazada. La tira hacia arriba hasta que la correa quede fija y segura sobre su hombro izquierdo y bajo la axila. Esto proporciona un fuerte soporte a la armadura y al cable que se mueve para activar el gancho.

Cuando Paul mueve el brazo derecho hacia adelante, el cable se estira, moviendo la palanca hacia atrás. Esto hace que el gancho se abra. Para cerrar el gancho, simplemente mueve el brazo hacia atrás, soltando el cable de la palanca.

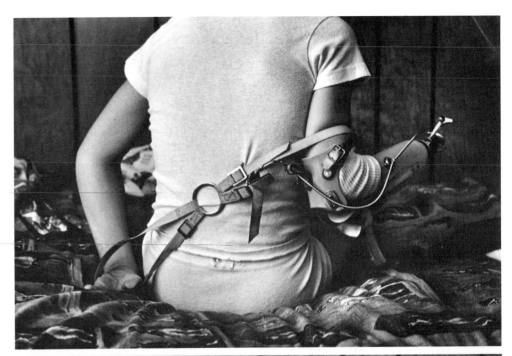

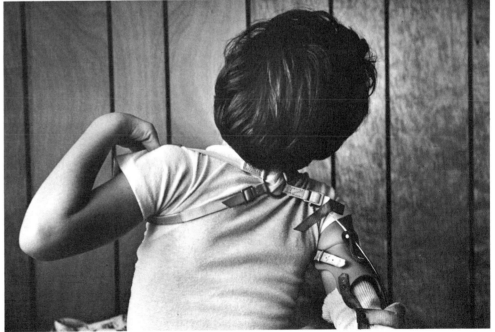

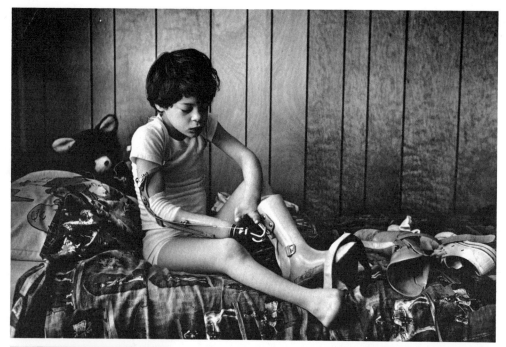

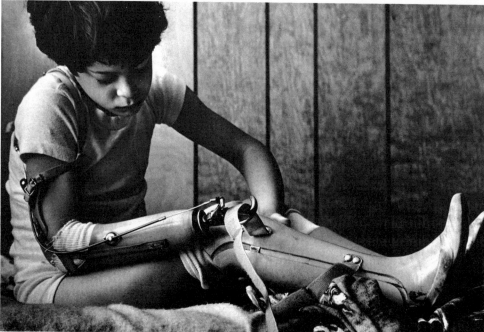

Después de ponerse un pedazo de calcetín en el pie izquierdo, Paul lo mete en la abertura trasera de la prótesis de la pierna izquierda. Afortunadamente, en este pie tiene el empeine y el dedo grande. Esto le da a su pierna bastante equilibrio y fuerza, así que la prótesis es bastante simple. Está compuesta de un molde que se ajusta a la pierna con dos correas.

Es más difícil ponerse la prótesis de la pierna derecha. Es más larga que la de la izquierda y está compuesta de dos partes separadas. Como Paul tiene solamente un talón en el pie derecho, la prótesis debe cubrir la rótula para empujar la pierna hacia delante a una posición normal. Sin esta corrección, Paul pondría todo el peso de la pierna derecha sobre el talón, lo que causaría una deformación en toda su pierna, cadera y columna vertebral. Este construcción de dos parte evita que la prótesis se dé vuelta mientras se esté usando.

Paul encuentra difícil juntar las dos partes, y no puede ajustar bien las correas. Llama a su mamá para que lo ayude.

—¿Cómo te va Paul?—pregunta la Sra. Jockimo.

—¡Ay, estas malditas correas son una molestia!

—Yo sé. Pero ya las aprenderás a usar—, dice su mamá, revisándolo y aseguarando las correas.

—Gracias, amiga—, dice Paul sonriendo.

—De nada, amigo—, responde ella.

Hace años atrás, el Sr. y la Sra. Jockimo decidieron que aunque fuera difícil para ellos, debían exigir a Paul; así el futuro le sería más fácil y sabría valerse por sí mismo.

La Sra. Jockimo sugiere a Paul que si él va a montar a caballo, es mejor que use los zapatos de cuero con tacón en vez de las zapatillas de ténis. Paul está de acuerdo.

—Caray, mamá—, dice. —Realmente me gustaría que vinieras con nosotros.

—A mí también, Paul. Pero el día sábado estoy muy ocupada, y tengo que ir a trabajar—. La Sra. Jockimo trabaja, a tiempo completo, en la gran tiendo de departamentos Caldor en Mt. Kisco, donde es administradora del departamento de ropa para hombres.

Paul recién ha terminado de vestirse cuando llegan Fred y Pam. Dody, la hermana de Paul que tiene trece años, decide ir con ellos. Se suben todos al auto de Fred, y se dirigen a la granja Los Cuatro Sueños, que queda en Golden's Bridge, a 10 millas. Allí, Pam guarda su caballo, Shiloh.

Cuando llegan a la granja, ven que Shiloh está suelto corriendo por el campo con otros caballos; por lo tanto antes de ponerle la montura, deben atraparlo. Fred toma un lazo y parte junto a Paul y Dody.

Caminando muy lentamente se acercan a los caballos que están pastando. Fred esconde el lazo detrás de él, pero es demasiado tarde; Shiloh parte a todo galope, pues sabe exactamente a qué han venido, y prefiere jugar que trabajar.

Después de acechar a Shiloh por veinte minutos, Fred finalmente logra hacerlo retroceder contra un matorral y se termina la cacería. Fred amarra el lazo a la rienda de Shiloh y se lo pasa a Paul.

Cuando llegan al establo, Pam le da a Paul una escobilla. —Cuando montas a caballo— dice ella —tienes que aprender a cuidarlo. Apuesto que a Shiloh le gustará mucho si lo escobillas bien.

Paul agarra la escobilla entre el gancho y la mano izquierda y la pasa por el caballo lo más fuerte que puede. Pam le ha enseñado que escobille solamente en la dirección del crecimiento del pelo. Pam y Dody escobillan las partes que Paul no puede alcanzar, y pronto la piel de Shiloh comienza a brillar.

Pam ensilla el caballo y lo conduce hacia un gran bloque de cemento. Dody sujeta la cabeza del caballo para mantenerlo quieto mientras Paul se sube al bloque. Este se las puede arreglar para meter su pie izquierdo en el estribo, pero necesita ayuda para montar. Pam lo agarra del cinturón y lo levanta hacia la montura. Ella le está enseñando el estilo inglés de montar, que requiere que el jinete tenga mucha habilidad y sensibilidad para controlar el animal.

Una vez que está sobre la montura, Pam comprueba que Paul esté bien sentado y que sus pies estén seguros en los estribos. Luego se asegura que agarre bien las riendas. Paul da dos vueltas a la rienda izquierda entre el pulgar y el dedo. A veces, el freno derecho le causa problemas, pues el cuero es suave y de vez en cuando se le resbala del gancho metálico. Para evitar ésto Pam piensa conseguirle un par de riendas de cuero trenzado, que sería mas fácil para agarrar.

El jinete debe mantener los talones abajo y las piernas rectas; la presión de la rodilla y del pie también es muy importante para controlar un caballo. Paul no puede sentir el cuerpo del caballo ni los estribos a través de las prótesis, y tiene que hacer un gran esfuerzo para solucionar este problema.

Se dirige hacia el corral y Pam le abre la puerta para que entre.

La primera vez que Pam llevó a Paul y su hermana para que vieran a Shiloh, Paul tenía menos de cinco años. Pocos meses más tarde, comenzó a tomar lecciones de equitación. Tres meses después de su primera lección, ganó una condecoración correspondiente al tercer lugar, al competir en su primera exhibición de caballos. Desde entonces, Paul ha participado en diez exhibiciones y ha ganado premios en la mayoría de ellas.

Dentro del corral, Pam amarra al freno de Shiloh una cuerda larga para guiarlo. Hasta el momento, Pam le ha enseñado a Paul a andar al paso, al trote y a medio galope. Paul practica todos estos pasos formando un amplio círculo alrededor de Pam, mientras ella sostiene la cuerda para guiar a Shiloh.

Pam no es blanda con Paul. Le exige aún más que a algunos de sus alumnos mayores, ya que ella ve en Paul una gran determinación y habilidad para aprender.

Pam termina la clase con la práctica de la técnica del poste. Esta consiste en moverse hacia arriba y hacia abajo al trotar, siguiendo el ritmo de los movimientos del caballo. Pero Paul se impacienta.

—Pam, ¿cuándo me vas a enseñar a galopar? —dice quejándose.

—Cuando crea que estás listo para aprender—, ella responde.

—Además, nunca te has caído de un caballo todavía.

—Porque todos lo hacen, tarde o temprano. Cuando tengas tu primera caída, y vea que tienes deseos de montar nuevamente, ahí sabré que estás preparado. Por ahora cállate y concéntrate. Quizás no estés interesado en saber que te inscribí en la última exhibición de la temporada que será en dos semanas más.
de la temporada que será en dos semanas más.

—¡Caramba!—grita Paul. Esta es una gran noticia, y rápidamente pone atención a las instrucciones de Pam.

Cuando la clase termina, Paul y Fred van detrás del establo a visitar a los dos caballitos de Shetlandia que hay en la granja. A Paul le gusta mimarlos y jugar con ellos. Saca pasto para darles y Fred le dice que tenga cuidado y que mantenga la palma de la mano estirada cuando les dé alimento; pero Paul es demasiado confiado, dobla la mano izquierda, y uno de los caballitos, en su apuro por agarrar todo el pasto, muerde a Paul en la palma de la mano. El no quiere gritar, aunque es especialmente sensible a cualquier cosa que afecte su mano buena.

Fred examina la mano y ve un pequeño coágulo de sangre. No es nada serio.
—¡Paul! —dice—. Te dije que mantuvieras la mano estirada. Creo que aprendes solamente si te haces daño.

Paul no dice nada, corre hacia el auto de Fred y se tiende en el asiento trasero. Fred no lo sigue; sabe que Paul quiere estar solo y que tendrá que pensar sobre sus propias emociones.

En la tarde, se van a casa y todos se instalan a ver el primer juego de la Serie Mundial. Paul es un gran admirador de los Mets de Nueva York, y a medida que el juego progresa se va reanimando.

Más tarde, le pregunta a su mamá si puede ayudarle a preparar la cena. Ella está haciendo comida italiana para esa noche.

—¿Por qué no empiezas a preparar la ensalada? —sugiere la Sra. Jockimo. Paul toma un pepino y comienza a pelarlo con el cuchillo, lo corta y luego hace lo mismo con los tomates, llevándose de vez en cuando algunos pedazos a la boca. Su mamá no se preocupa si Paul usa utensilios afilados, porque ella le ha enseñado a cortar siempre en la dirección contraria al cuerpo. Sin embargo, observa lo que Paul hace.

Pronto la cena está servida y se sientan los siete con mucho apetito. Paul esta orgulloso de la ensalada que preparó. El Sr. Jockimo, que es italiano-americano, embroma a su esposa, que es inglesa-alemana-americana, diciéndole que no sabe preparar bien la comida italiana. Nadie está de acuerdo con él. Susan, la hermana mayor de Paul, les cuenta lo bien que le fue ese día en el trabajo. Ella tiene diecisiete años y recién ha comenzado su primer empleo.

—Escuchen—, dice Fred después de cenar, —hoy se abre la exhibición de autos fabricados a la orden, en el Centro del Distrito de Westchester. ¿Por qué no vamos a verla?

En la exhibición, encuentran una maravillosa colección de novedosas máquinas de potencia aumentada. Fred está particularmente fascinado, ya que trabaja en una agencia de la Volvo y Datsun, como sub-gerente de mantención. Los autos siempre le han apasionado. Se detiene frente a una super motocicleta. —¡Caramba!—exclama. —¡Miren eso!

El papá de Paul asiente. —¡Parece que pudiera ir a la luna!

Cuando llegan a casa, Paul se quita la camisa y las prótesis, y desafía a su papá a luchar.

El Sr. Jockimo, hombre bondadoso y tranquilo, trabaja de guardián y conductor de bus para una gran escuela cercana. Todos los estudiantes que van a esa escuela lo ven como una persona bastante especial. Su familia también. A Paul le gusta el contacto cercano con su papá cuando juegan a la lucha.

—Ya veo que me vas a derrotar—, dice el Sr. Jockimo jadeando, mientras Paul lo ataja.

Paul es extraordinariamente fuerte para un niño de su edad, si bien debe quitarse las prótesis antes de jugar a la lucha. Cuando él tenía tres años, le pegó a Dody con el gancho de la prótesis y le dejó una magulladura muy fea en el ojo. La Sra. Jockimo creyó necasario mostrarle lo mucho que había herido a Dody, por lo que agarró el gancho del brazo derecho y le golpeo el izquierdo con él. Le dolió tanto que lloró. Desde entonces, él siempre recuerda que nunca debe usar el gancho descuidadamente, ni como un arma.

El domingo es el día de la semana favorito de Paul, porque está toda la familia reunida, ya que nadie tiene que trabajar ni asistir a la escuela.

Ese día, Paul sale de la cama muy temprano y se va a la sala, donde se tiende en el piso junto a "su almohada", para ver los dibujos animados en la televisión. Después de un rato, Susan se echa en el sofá; luego entra Dody y se sienta en el sillón del papá; pone sus pies contra los de Paul y él ya no sabe si mirar la televisión o jugar con su hermana. No se puede mantener quieto en un lugar por mucho tiempo, y en pocos minutos él y Dody están forcejeando sobre la alfombra. Luego interviene Susan. Dody se tiende de espaldas y levanta a Paul con sus pies mientras Susan le sostiene la cabeza. El mantiene el cuerpo recto, estira los brazos y hace como si fuera un avión. Se ríen tanto que Paul cae encima de Dody y los tres se enredan en una lucha en el piso.

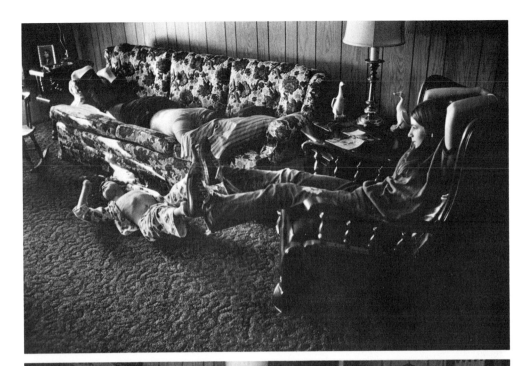

Más tarde, Paul le ayuda a su papá a lavar el auto.

—Ya lavaste la parte delantera—, dice Paul.

—Queda mucho por hacer todavía, Paul. Puedes empezar por aquí—. El Sr. Jockimo deja caer al lado del auto un gran balde con agua jabonosa. —Es todo tuyo.

Paul remoja un trapo en el balde y comienza a jabonar el auto vigorosamente.

A Paul le fascina cualquier tipo de actividad física. Quizás por sus mismos impedimentos, el vé cualquier tarea como un desafío, El disfruta mucho con los quehaceres que tal vez a otros parecerían trabajos rutinarios.

Después de un rato, tanto el auto como Paul están llenos de jabón; le ayuda al papá a enjuagarlo con la manguera y luego entran a la casa a cambiarse de ropa.

Es un hermoso día de otoño, y Paul sale con su mamá a andar en bicicleta. Debido al horario de trabajo tan ocupado de la Sra. Jockimo, el pasar un rato al aire libre con su hijo es un placer especial para ella.

Paul desafía a su mamá a una carrera, pero antes que ella pueda siquiera ponerse en marcha, él ya ha salido como un zumbido de la línea de partida.

—¡Oye, Paul, no es justo! —grita su mamá. —No me diste suficiente tiempo para prepararme.

Paul se ríe. —Bueno, vamos a hacerlo de nuevo. Esta vez te voy a dar ventaja.

Pero a pesar de la ventaja, Paul gana la carrera.

Después de varias carreras más, la Sra. Jockimo ya no quiere seguir. Sin embargo continúa en la bicicleta, disfrutando del entusiasmo y energía de Paul. El hace como si su bicicleta fuera la fantástica motocicleta que vieron la noche anterior. Salta con toda su fuerza sobre el pedal, haciendo todo el ruido posible para imitar el sonido del motor de la motocicleta. Paul ha usado tanto su bicicleta que parece que se fuera a desarmar.

En dos dias más, Paul cumplirá siete años, y sus padres están pensando darle una sorpresa y regalarle una bicicleta nueva.

La mañana del lunes llega muy pronto. Para los padres de Paul y también para Susan, es un día de trabajo. Para Paul y Dody es hora de ir a la escuela nuevamente. Todavía está oscuro afuera, cuando la Sra. Jockimo entra a su cuarto a despertarlo. Enciende la luz y le mueve suavemente el hombro.

—¿Qué hora es? —dice Paul con voz quejumbrosa, abriendo un ojo.

—Hora de levantarse y prepararse para ir a la escuela.

Paul dice murmurando entre dientes, —Creo que hoy me quedaré en casa.

—¡Nuevamente intentando conseguir lo que quieres, Paul? —pregunta la Sra. Jockimo. —Bueno, no resultará, así que vamos Sr. Jockimo.

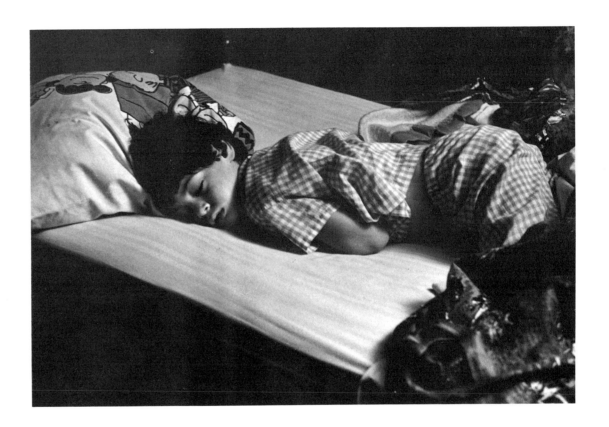

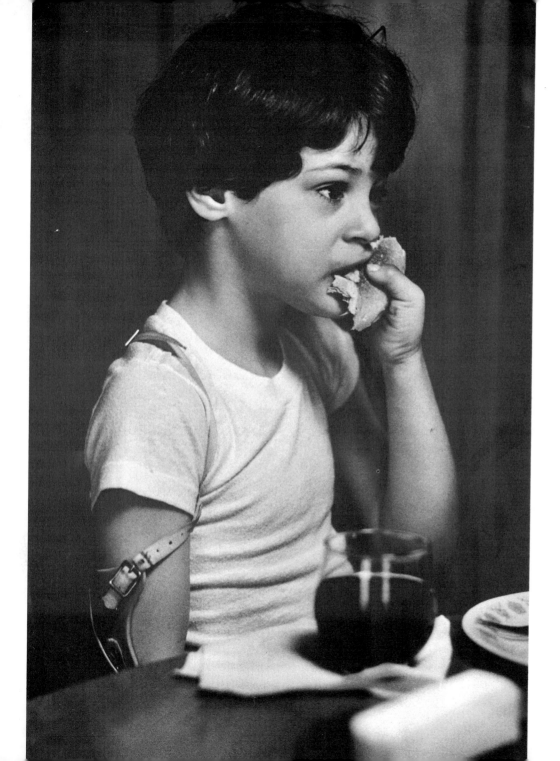

Paul va, de mala gana, al baño a lavarse; luego, también de mala gana, se pone sus prótesis y comienza a vestirse. Su mamá lo deja solo y se va a la cocina.

Finalmente, aparece en la mesa del comedor. De desayuno, él toma un vaso de jugo de fruta, pan con mantequilla y un vaso de leche. La Sra. Jockimo observa que Paul tiene la tendencia de evitar los alimentos que lo obligan a usar cuchillo y tenedor, y decide que tiene que hacer algo para corregirle eso.

Cuando termina el desayuno, Paul ya está totalmente despierto y listo para comenzar el día. Se pone la chaqueta y se despide de su mamá.

Hay varios niños esperando en la parada de autobús, donde Paul se encuentra con Jorge Condoyannis. Se sientan los dos en la vereda y comentan la Serie Mundial. Jorge también es admirador de los Mets de Nueva York. La bocina del bus de la escuela los interrumpe. Se suben corriendo, y parten hacia la escuela que queda a seis millas.

A pesar de que Paul rezonga cuando tiene que ir a la escuela, realmente le gusta. Pero no fue siempre así. Cuando empezó Kindergarten, los otros niños lo molestaban mucho. Se reían y le gritaban:—¡Alli viene el "Capitan Gancho"¡— o —Ja, Ja,¡miren a Paul! En una mano, dos dedos, y en la otra, nada.

Paul generalmente seguía caminando e ignoraba a los que se burlaban de él. A veces, sin embargo, alguno de los niños lo seguía y por detrás lo pateaba. Pensaban que Paul no podía defenderse y cuando, furioso, daba media vuelta y levantaba su gancho amenazándolos, salían corriendo.

Ahora que él está en el segundo año, la mayoría de sus compañeros lo han aceptado como amigo. A veces, alguno le pregunta qué le pasó en el brazo o cómo funciona esa "cosa del gancho". El explica que nació así, y les muestra cómo funciona la prótesis del brazo. Esto generalmente satisface su curiosidad.

Paul asiste a la escuela primaria "West Patent" en Bedford, Nueva York, que es grande, moderna y de corredores abiertos. Los alumnos pueden escoger en qué actividades participar, siempre y cuando completen satisfactoriamente su trabajo en las asignaturas obligatorias cada semana.

Lo primero que Paul quiere hacer es hablar con la Sra. Johnson, la maestra de arte, acerca de un proyecto en el cual él ha estado trabajando. Paul ha construído en la biblioteca de la escuela un gran "tepee", que es una tienda típica de los indios americanos, en papel y madera. Está listo para comenzar a pintarlo, y le pide a la Sra. Johnson que le ayude a encontrar algunos diseños indígenas típicos. Con su ayuda, Paul pronto encuentra el material que necesita, agradece a la Sra. Johnson y se va a su clase. Va a ser muy entretenido pintar el "tepee", pero tendrá que esperar unos días más, pues ahora tiene que terminar un trabajo de inglés.

Cuando Paul llega a la clase, hay una fila frente al sacapuntas. Delante de él está Jana Bray.

—Hola, Jana—, dice Paul, mientras le ayuda a sacar punta a su lápiz. —¿Vienes a mi fiesta de cumpleaños, mañana?

—Seguro Paul—, dice Jana sonriendo tímidamente. —Tú sabes que no me la perdería.

—¡Caray, es fabuloso! ¿Te veo más tarde, después de almuerzo?

La Sra. Chartove, maestra-jefe de Paul, reúne a su grupo y les da una clase de pronunciación de inglés. Muestra una letra o sílaba en una tarjeta, luego la pronuncia y les pide que la repitan en voz alta.

La lección siguiente es de escritura. La Sra. Chartove va al pizarrón, escribe sílabas y palabras y las lee a la clase. Luego los alumnos copian lo que ella ha escrito. La habilidad de Paul para la escritura va progresando, aunque su mano se cansa al agarrar y controlar el lápiz por mucho rato. Probablemente el lo aprieta mucho; con el tiempo aprenderá a relajar la presión.

Después de la clase de escritura, la Sra. Chartove da instrucción de lectura individual. Cuando le llega el turno a Paul, ella le escoge un trozo de un libro para que lea. Luego le dice que seleccione un libro que a él le guste y lo lea solo. Paul encuentra un libro sobre los indios y pronto está muy concentrado leyéndolo. Ya casi he terminado el primer capítulo, cuando suena la campana.

Hoy Paul está de suerte, porque en la cafetería encuentra justamente le comida que a él más le gusta. Llena su bandeja con papas fritas, pickles, rodajas de zanahoria cruda, hamburguesas y gelatina. Al momento de pagar la comida, exclama:

—¡Caray, me gustaría que tuvieran este almuerzo todos los días!

—Bueno—, responde la cajera, —te podrías cansar de lo mismo todos los días, pero me alegro que te guste. Creemos que por lo menos es tan bueno como McDonald's.

Paul se sienta al lado de Michael Doycus. El le pregunta que cuántos niños cree que irán a su fiesta de cumpleaños.

—No estoy seguro—, responde Paul, —yo invité a muchos pero varios de ellos tenían que preguntar a sus mamás si podían ir a dejarlos y pasar a buscarlos a mi casa.

—Seguro que yo estaré allí Paul—, dice Michael. —Lo pasé muy bien en tu última fiesta de cumpleaños.

Después de almuerzo, hay una hora libre para jugar afuera. Jana corre hacia Paul y le pasa una pelota de football. Paul la agarra y sale corriendo por el campo de juego con Jana detrás de él. Uno de los niños se acerca, alcanza a Paul y le ataja. Los dos caen al suelo riendo, mientras otro niño agarra la pelota y sale corriendo con ella.

—¡Agárrala Paul!—grita uno de los niños mientras le hace un pase largo. Pero a Paul se le cae pues es muy difícil para él sostenerla. Pronto la recoge y se prepara para patearla. Lo hace muy bien y la pelota sigue mucho más allá de donde están los niños que la tiraron. Paul siempre juega a ganar.

Después de la hora de juego, Paul tiene una clase de matemáticas. Cuando termina la clase él va derecho hacia el rincón donde están los bloques de madera. Nada lo hace más feliz que la oportunidad de construir algo. Examina los distintos bloques desparramados por el suelo y luego empieza a construir una base firme con una plataforma encima. Pronto tiene terminada una réplica en madera del Empire State Building.

Bruce Ross                    Stellwag
Sietske Saunde        Taylor
John Spina                    Tompkins
Kurtis Spivey                Underwood
Tania Steele                 Verrone

Luego arma un lanzador de proyectiles y apunta cuidadosamente para disparar contra el Empire State Building. Los proyectiles vuelan por el aire, el edificio se estremece valientemente, comienza a tambalearse y finalmente se viene abajo estruendosamente.

—¡Silencio! —ordena una profesora que está tratando de enseñar geografía a otro grupo.

—¡Busca otra cosa que hacer!

Viendo que ella no está bromeando, Paul obedece y se va al área de pintura. Cuando se desocupa un atril, Paul sujeta un recorte de una calabaza, sacado de un periódico, en la parte superior del atril; comienza a pintar los rasgos de una calabaza de Halloween. Llega Jana y admira silenciosamente su trabajo. Paul está tan concentrado en la pintura que se asusta cuando suena la campana anunciando el fin de la jornada.

Cuando Paul llega a casa, se sorprende de encontrar a su papá. El Sr. Jockimo se va al trabajo, cada mañana, mucho antes que se despierte el resto de la familia, y rara vez regresa antes de las cinco de la tarde. Normalmente cuando Paul regresa de la escuela a las tres y media, Dody lo está esperando. Pero hoy no está.

—Hola papá. ¿Por qué estás en casa tan temprano?—pregunta Paul.

—¿Qué pasa Paul? ¿No estás contento de verme?

—Seguro que sí, pero ¿dónde esta Doby?—Paul empieza a sospechar algo.

—Dody fué con tu mamá y Susan, a comprar algunas cosas para tu fiesta de cumpleaños mañana, así que yo llegué temprano para acompañarte.

—¡Ah bueno!—dice Paul. Luego mimando a su papá le pregunta inocentemente —¿Qué me van a regalar para mi cumpleaños?

—No te puedo decir, es una sorpresa.

—Vamos, papá—, dice Paul persuasivo, —tú puedes contarme; te prometo que no le diré a nadie.

—Si te digo, no será una sorpresa—, dice el Sr. Jockimo riendo. —Y ahora deja de tratar de convencerme.

Paul decide terminar con eso, sigue a su papá a la cocina donde encuentran algo para comer que les ha preparado la Sra. Jockimo.

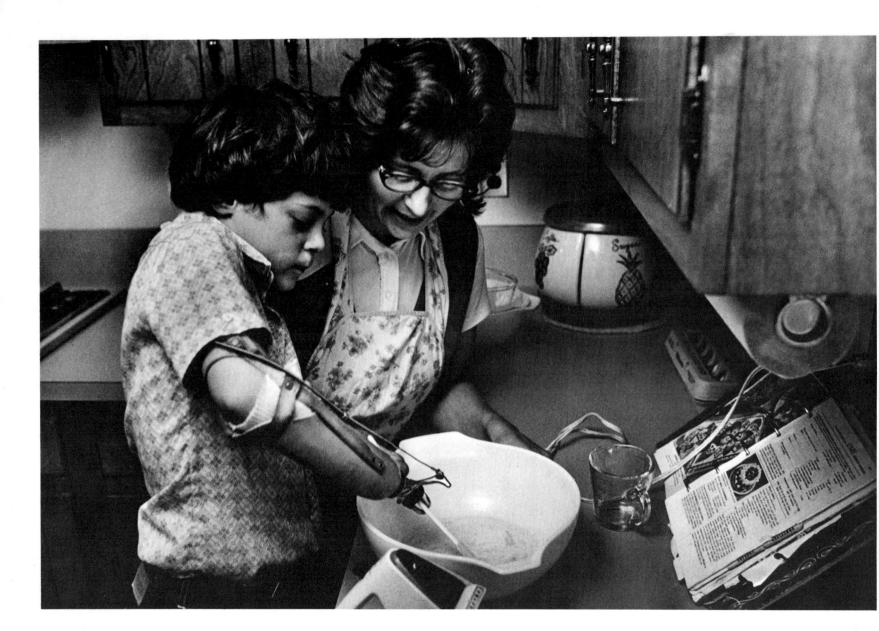

Esa noche después de la cena, Paul le ayuda a su mamá a preparar el pastel de cumpleaños. Echa dos huevos en una fuente grande y los bate hasta que tengan una consistencia muy suave. La Sra. Jockimo le ayuda a agregar los otros ingredientes y Paul une todo con una batidora eléctrica. La Sra. Jockimo echa la mezcla en dos latas y Paul le ayuda a ponerlas en el horno.

—¿Cómo sabes que quedará buena? —pregunta Paul.

—Bueno, realmente no sé con seguridad—, responde su madre. —Simplemente sigo las indicaciones y cruzo los dedos.

—¡Oh! te estás burlando de mí—, se queja Paul.

La cocina está demasiado calurosa para Paul; se saca la camisa y la prótesis del brazo y luego revuelve el relleno de chocolate mientras su mamá saca el pastel del horno. Cuando el pastel está frío, Paul, usando un cucharón, deja caer porciones del relleno en la capa de abajo y lo desparrama en forma pareja. Luego su madre pone la otra capa encima. La cocina ya está tan calurosa que la Sra. Jockimo tiene que ir a ponerse algo más liviano.

Solo en la cocina, Paul mira pensativamente la fuente donde estaba el relleno, pasa el dedo por lo que queda y lo prueba lamiéndose. Está tan bueno que comienza a sorberlo rápida y ruidosamente. Dody entra a la cocina a investigar esos extraños ruidos. Agarra la fuente y corre hacia el comedor, Paul trata de detenerla y juntos sacan lo que queda del relleno hasta que a Dody se le ocurre una idea. En vez de comerse el chocolate, comienza a untar la cara y el pecho de Paul con la mezcla. Quiere hacerlo parecer como esos hombres tatuados en el circo, y Paul piensa que es una gran idea. Pronto está cubierto con el relleno pegajoso y los dos ríen como locos.

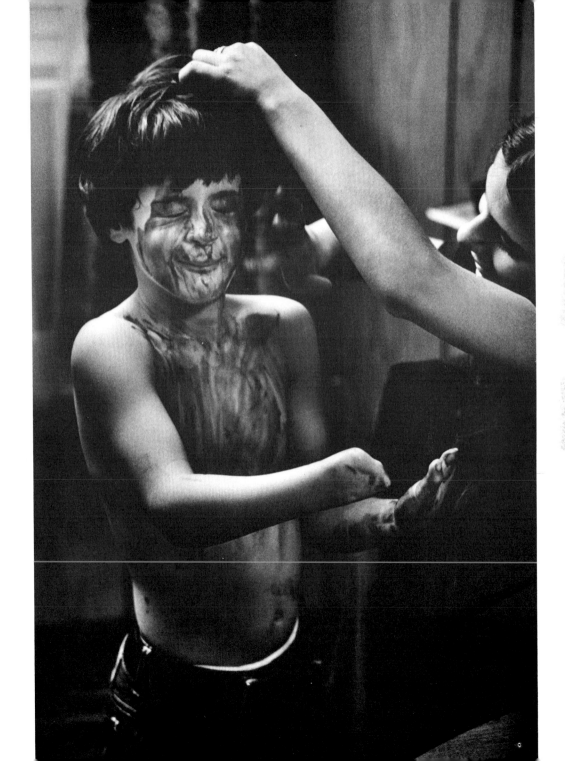

La Sra. Jockimo entra al cuarto, mira a su alrededor y exclama asombrada: —¡Dios mío! ¡Qué lío tienen aquí! —Paul se ve tan ridículamente divertido que ella lanza una carcajada. —Bueno, Sr. Jockimo—, dice ella tratando de mostrarse firme, —es hora de tomar tu baño, y mientras lo haces te voy a lavar el pelo también.

—¡Oh, no! ¡Eso sí que no! —se queja Paul.

—¡Oh, sí! ¡Caminando!

Paul corre al baño, y tristemente se mete a la tina y comienza a jabonarse. Cuando ha terminado de bañarse, la Sra. Jockimo entra a lavarle el pelo. Paul se resigna gravemente y se tapa los ojos mientras su mamá le refriega el pelo.

—Apúrate mama—, dice Paul quejándose.

—Quieto, Charlie Brown. Ya estamos terminando—, contesta su mamá, mientras le enjuaga el pelo y le limpia la cara. Le ayuda a salir de la tina y lo seca con una toalla grande.

—¡Caray! —exclama Paul. —¡Qué bueno que hayas terminado!

—¡Caramba! ¡Cómo sufres! Reconoce que no es tan terrible. Además debes estar muy limpio una vez al año por lo menos, el día de tu cumpleaños.

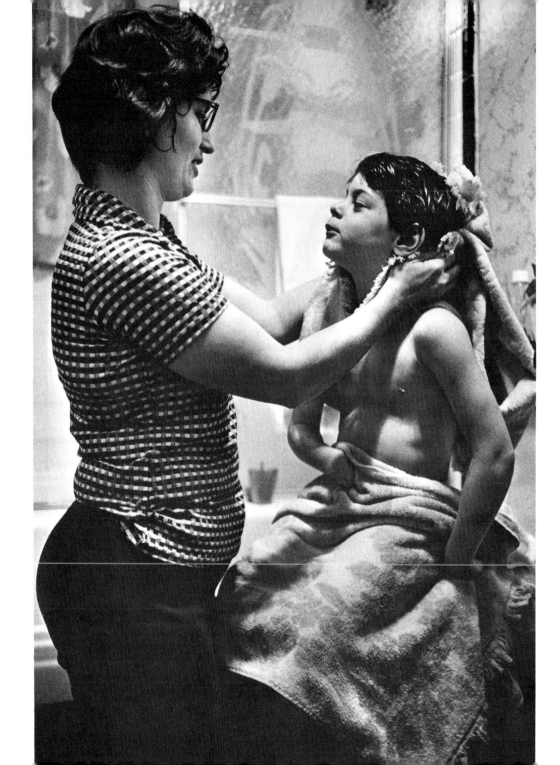

—Bueno—, dice Paul —odio que me laven el pelo—. Luego agrega astutamente, —¿Podemos esperar hasta el próximo año para hacerlo nuevamente?

—Payaso—, dice la Sra. Jockimo riéndose. Luego levanta a Paul frente al espejo del baño. —¿Ves lo guapo que estás? Y después de toda la alharaca que hiciste. Ahora, antes que echemos a perder todo el trabajo que hicimos, es mejor que te vayas directo a la cama.

Este es el momento de la verdad. La energía de Paul parece aumentar a medida que se hace más tarde y conseguir que se duerma es bastante difícil. Llegan a un acuerdo. Si él se va inmediatamente a la cama, puede quedarse en pie hasta la hora que quiera mañana en la noche. Se estrechan la mano solemnemente, y Paul, todavía un tanto reticente, se va a la cama.

Más tarde, cuando la casa está en calma, el Sr. y la Sra. Jockimo se relajan tomándose una taza de café en el comedor. Juntos, comentan algunas ideas para la fiesta de cumpleaños de Paul. La Sra. Jockimo se las ha arreglado para quedarse en casa y no ir a trabajar mañana. Espera que el tiempo esté bueno para que los niños puedan jugar afuera. Ella ha planeado un juego especial de dardos para lanzar, y los ha hecho clavando tachuelas en la parte de arriba de los ganchos para tender ropa. El Sr. Jockimo sugiere una cacería de cacahuates, si los dardos no mantienen a los niños entretenidos.

Charlan un rato más y deciden ir a la cama. Mañana será un día muy ocupado.

Al día siguiente, en la tarde, Paul llega a casa con Jana Bray y David Verone. Paul lleva un gorro especial de cumpleaños que le hizo uno de sus profesores.

Tres pares de ojos se abren con deleite al ver lo que la mamá de Paul les ha preparado. En la puerta del garage hay un afiche inmenso del ratón Mickey; alrededor de él, la Sra. Jockimo ha puesto varios globos para que los niños los revienten con los dardos. Sobre una mesa grande de madera, ella ha puesto grandes jarros de limonada, vasos y bolsitas con regalos de sorpresa para los niños.

La Sra. Jockimo les da algunos globos para que inflen y se sienta a descansar un poco para recuperar fuerzas. Paul infla su globo hasta que está tan grande como él.

—Si no dejas de soplar—, aconseja su mamá, —ese globo se va a rev . . . —

¡PAF! La Sra. Jockimo salta hacia atrás en el momento que el globo se revienta. Paul lo encuentra muy gracioso, y quiere inflar otro globo inmediatamente; pero en ese instante un auto se acerca a la casa y Paul va a recibir a los nuevos invitados que llegan.

El patio trasero pronto está lleno de niños; todos muy contentos. Están ansiosos de intentar puntería con los dardos. Jana se hace cargo de los dardos, mientras los otros niños se forman en fila para esperar sus turnos. Paul se ubica al final. El objetivo del juego es reventar los globos; mientras más, mejor. El que revienta uno, tiene derecho a un tiro más. El juego es un gran éxito. Jana, que es la penúltima en la fila, comienza a lanzar sus dardos y Paul la anima ansiosamente. Le da a dos globos y obtiene un gran aplauso.

Finalmente es el turno de Paul. Apunta cuidadosamente y apenas ha lanzado el dardo uno de los niños dice de repente: —¡Vamos Paul! ¡Apúrate! No vas a poder reventarlo con esa mano, de todas maneras.

Paul está asombrado. Le da una mirada furiosa al niño, se saca el gorro de cumpleaños y lo tira al suelo muy enojado. Luego se va a sentar solo al lado de la puerta de la cocina.

Jana y Michael van hacia donde está Paul. Ella le lleva el gorro y le dice: —¡Caray, Paul! Sé que te sientes muy mal pero estoy segura que él está arrepentido de lo que dijo.

—Seguro—, agrega Michael.

—Realmente no tuvo la intención de decirlo.

La Sra. Jockimo ha visto y escuchado todo lo que pasó, pero no quiere ir a consolar a Paul. Decide dejar a los niños que manejen solos la situación.

Dody lo llama: —Oye, Paul, no has abierto tus regalos todavía.

—Es verdad, Paul—, dice Jana. —Espero que te guste lo que te traje. ¿Vamos a verlo?

Paul reprime sus sentimientos de dolor. No quiere echar a perder la fiesta.

—Bueno . . . está bien—, responde Paul en voz baja.

Jana le ayuda a ponerse de nuevo su gorro de cumpleaños.

Todos se juntan alrededor de Paul cuando éste comienza a abrir los paquetes. Se pone contento nuevamente. El regalo de Jana es una colección de indios de juguete vestidos con sus trajes típicos. El está fascinado. Una vez abiertos y admirados todos los regalos, los niños entran a la casa para comer pastel y helado.

Se sientan todos a la mesa y la Sra. Jockimo entra al comedor con el pastel hermosamente decorado, cubierto de crema batida, y con siete velitas encendidas.

—Cumpleaños feliz, cumpleaños feliz—, canta la Sra. Jockimo.

—Cumpleaños feliz—, corean los niños,— te deseamos a tí.

—Apaga las velitas, Paul—,
se apresura a decir Jana.

Paul respira profundamente
y . . . ¡ZAS! apaga las siete con un
solo soplido.

Paul corta el pastel y lo re-
parte, un pedazo en cada plato, a
todos sus invitados.

El pastel está tan bueno que casi todos se repiten y algunos comen hasta tres pedazos.

En este momento son las cinco y media y las mamás llegan a buscar a sus hijos e hijas. Paul se despide de sus amigos y les agradece que hayan venido.

El papá de Paul llega en su auto. —Me parece que alguien está de cumpleaños, hoy—, dice él. —Veamos. Me parece que yo tenía un regalo de cumpleaños en alguna parte, pero no puedo acordarme dónde lo puse. ¿Alguien quiere ayudarme a buscarlo?

Paul busca por todo el auto. —Me rindo, papá. ¿Dónde está?

El Sr. Jockimo le guiña un ojo a su esposa y a Dody. Va hacía el cofre del auto y la abre.

—¡Feliz cumpleaños, Paul!

Por un momento Paul se queda sin habla, al ver la bicicleta nueva y resplandeciente que su papá le ha comprado. —¡Caramba! —dice finalmente, asombrado. —Gracias, papá. ¡Caray! Muchas gracias. ¿Puedo probarla?

—Por supuesto—, responde su papá. —Para eso es.

Saca la bicicleta del auto y la sujeta mientras Paul se sube. El asiento es demasiado alto. El Sr. Jockimo le dice que espere hasta que vaya a buscar unas herramientas al garage para ajustar el asiento a su altura.

En ese momento llega Pam.

—Hola Pam—, dice Paul sonriendo. —¿Te gusta mi bicicleta nueva?

—¡Caray! Es maravillosa—, dice admirándola.

—¿Dónde está Fred? ¿No viene? —pregunta Paul ansiosamente.

—Sí—, dice Pam —llegará pronto.

Paul no sabe que Fred ya llegó. Entró escondido por la parte de atrás de la casa y ahora está arriba en el techo del garage. Cuando el Sr. Jockimo va a buscar las herramientas se sorprende de verlo arriba.

—Oye—, susurra Fred. —Haz que Paul venga hacia acá pero no le digas que estoy aquí.

—Tengo que ver esto—, dice el papá de Paul sonriendo. —Estaremos aquí en un momento—. Lleva las herramientas adonde está Paul esperándolo y rápidamente arregla el asiento de la bicicleta. Luego dice, —Aquí no hay mucho espacio, Paul. ¿Por qué no vas con la bicicleta al patio de atrás y nos muestras cómo andas?

Paul da unas vueltas probando la bicicleta y luego la estaciona orgullosamente. En el mismo momento que él se baja, Fred le deja caer, desde el techo del garage, un rollo de serpentina de plástico.

—¡Te agarré! —grita Fred, mientras todos se mueren de la risa. Paul también se ríe. Cuando él y su padrino se juntan, nadie sabe lo que puede pasar. Pero aún la diversión no termina.

Fred baja del techo; —Entremos a la casa. Tengo algo para tí.

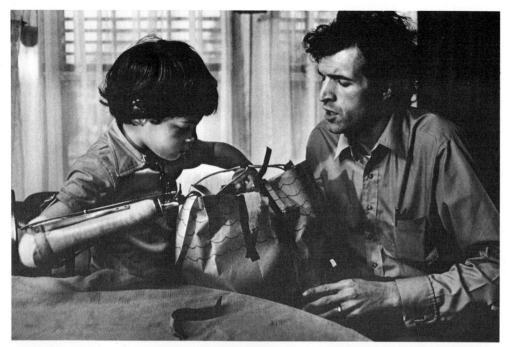

Una vez adentro, Fred le pasa a Paul una bolsa de compras inmensa.

—Escucha—, dice —me estoy cansando de tener que hacerte regalos para esto y esto otro. Así que se acabó. Cuando abras esta bolsa, verás tu regalo de cumpleaños, de Halloween, regalo de Navidad, todo junto. Es todo tuyo, amigo.

Paul abre la bolsa ansiosamente, y se encuentra con una docena de paquetes de distintos tamaños y muy cuidadosamente envueltos. Después de abrir los primeros paquetes, Paul entiende de qué se trata. Pronto la mesa está llena de una increíble colección de trastos viejos. Algunos de los paquetes explotan al abrirlos. El último paquete es el peor de todos. Dentro de él hay una peineta usada con solamente dos dientes.

—Bueno—, comenta Fred —eso es todo lo que hay para tí.

Paul no quiere mostrar su decepción. —Está bien—, dice encogiéndose de hombros. —Creo que iré afuera a jugar un rato.

—¡Oye! Espera un momento—, grita Fred.

Se agacha y saca de debajo de la silla un paquete inmenso y pesado, maravillosamente envuelto en papel de regalo; lo pone encima de la mesa. —Este es tu verdadero regalo de cumpleaños—. Fred frunce el ceño. —Pero tú no tenías fé. ¡Tienes que creer, Paul! ¿Dónde estarían los Mets de Nueva York si no creyeran?

Los ojos de Paul brillan mientras Fred lo apura para que abra el paquete. ¡Es un juego completo de autos de carrera, con pista eléctrica para correr y controles!

Paul ha recibido tantos regalos que no puede decidir con cuál jugar primero, pero lo pasa muy bien probándolos todos. Es casi la medianoche, cuando él voluntariamente se pone su pijama. Aunque no quiera, se le cierran los ojos de sueño. La Sra. Jockimo ha mantenido el trato y no le ha dicho nada por estar en pie hasta tan tarde.

Cansado pero feliz, Paul se despide de su mamá con un beso, antes de irse a dormir.
—Gracias mamá, eres un buen tipo. Fué un cumpleaños fabuloso.

—Gracias a tí, Paul. Tu también eres un buen tipo.

Paul tiene dos serios problemas, al llegar a casa de la escuela, el lunes siguiente. La parte delantera de la prótesis de la pierna derecha tiene una quebradura. También, las puntas del gancho están torcidas. Dody llama a su mamá al trabajo y le dice lo que pasa. Ella se va inmediatamente a casa, y después de examinar las prótesis, comienza a hacer llamadas telefónicas.

El hábil uso que tiene Paul de sus pies y manos, es el resultado de seis años de mucho trabajo y entrenamiento especial que él ha tenido con la ayuda de doctores, terapeutas, técnicos y de su propia familia.

Cada tres meses, Paul tiene que ir a la clínica de niños amputados del I.R.M. (Institute of Rehabilitation Medicine) en la Ciudad de Nueva York. Esta institución, mundialmente famosa, ayuda a niños y adultos impedidos a ser productivos y autosuficientes. Paul ha estado bajo el cuidado de este instituto desde que tenía un año de edad.

La próxima cita que tiene Paul en el instituto es el miércoles en la mañana, dentro de dos días. Allí le repararán el gancho que está torcido, pero las prótesis de las piernas las hacen en los Laboratorios Protésicos y Ortostáticos Eschen, también en la Ciudad de Nueva York. La Sra. Jockimo hace una cita en el laboratorio, para el miércoles en la tarde.

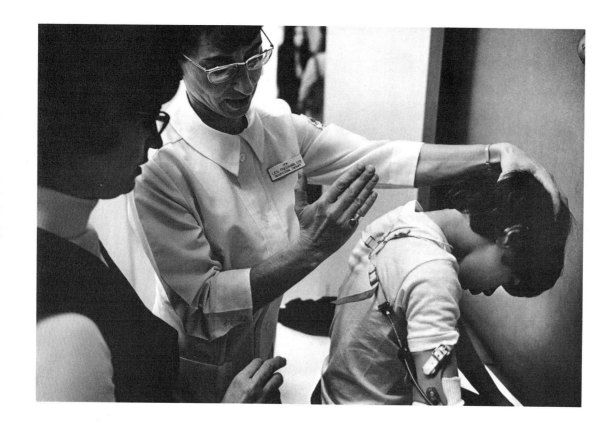

Paul y su mamá llegan muy temprano al I.R.M., el miércoles en la mañana, y los llevan a una de las salas de exámenes. Paul se saca la camisa, zapatos, calcetines, y se sube a la mesa donde será examinado. Pronto entra la Sra. Liesl Friedmann, supervisora clínica de terapia ocupacional infantil, que es muy amiga de Paul.

—Hola, Paul—, dice. —¿Cómo está mi jinete favorito?

—Hola, Liesl. Recién tuve mi séptimo cumpleaños; me hubiera gustado que hubieras ido a mi fiesta; el próximo domingo voy a participar en otra exhibicion de caballos, y el próximo año, Pam dice que . . .

—Bueno, Paul. Cálmate. Ya veremos todo eso, ahora déjame examinarte.

Una de las responsabilidades de la Sra. Friedmann es analizar los problemas protésicos de cada paciente, también sus progresos, y prescribir, consultando con los doctores, cualquier cambio que sea necesario. Trata de prevenir que se agraven los pequeños problemas. Descubre una irregularidad y se la muestra a la Sra. Jockimo. Es muy importante, explica, que el anillo de metal de la armadura esté en el centro de la espalda de Paul. Cuando está bien ubicado, Paul tiene que hacer mucho menos esfuerzo para abrir y cerrar el gancho. Arregla la posición del anillo y hace una marca con un lápiz sobre la correa que va conectada con el cable de la prótesis del brazo.

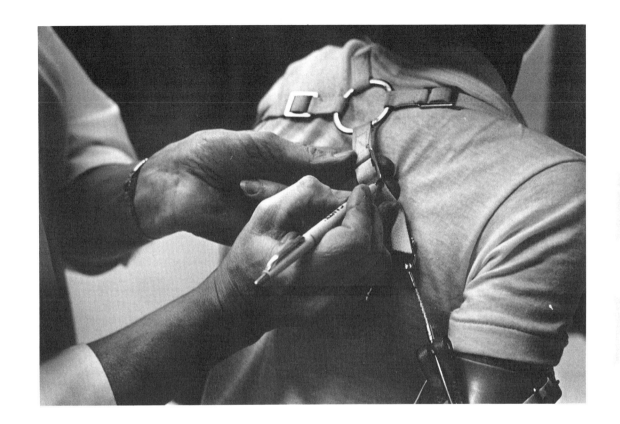

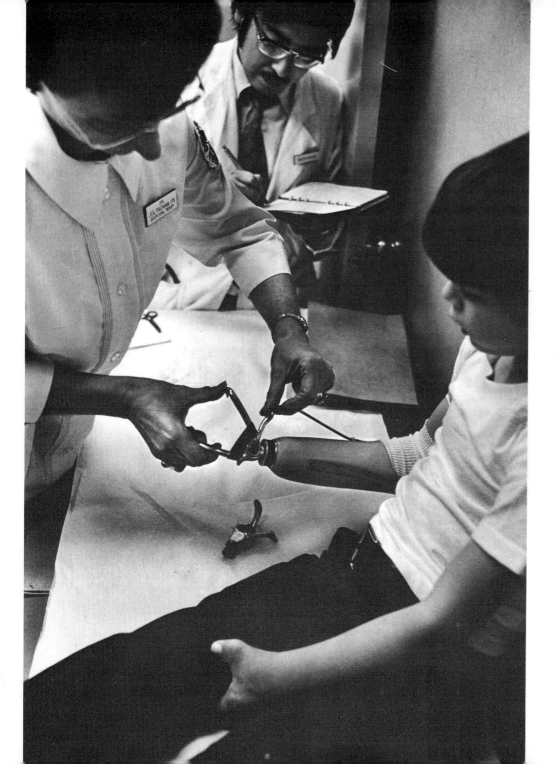

Cuando la Sra. Friedmann ve el gancho de Paul, no puede creerlo y mueve la cabeza. —Paul, he trabajado en esto por mucho tiempo, pero nunca había visto un gancho de acero torcido, como está éste, por un niño de tu edad. Díme, ¿cómo lo hiciste?

—No sé. Simplemente pasó.

—Bueno, es mejor que te pongamos un gancho nuevo—, dice la Sra. Friedmann —y aprovecharemos de ver si estás listo para un tamaño más grande—. Desprende el cable de la palanca del gancho, lo desatornilla, y lo reemplaza por uno más grande, mientras un doctor residente toma nota. La doctora decide que el gancho es demasiado grande para Paul.

La Dra. Selene Jaramillo, jefe de servicios infantiles de pacientes externos del instituto, entra seguida de un grupo de estudiantes de medicina. Ella ha sido la doctora de Paul la mayor parte del tiempo que éste ha estado bajo el cuidado del I.R.M.

Paul se cruza de brazos calmadamente, y se apoya contra la pared. Mientras la doctora examina sus piernas, relata a los estudiantes un poco de la historia médica de Paul, confirmando ocasionalmente algunos datos con él mismo. Paul es un experto en este tipo de cosas.

Los doctores del I.R.M., que vieron a Paul por primera vez hace seis años, pensaron que eran sus piernas las que necesitaban más atención, ya que no podían proporcionar al cuerpo un balance y apoyo adecuado, y estaban deformándose peligrosamente después que Paul comenzó a caminar. Los doctores le recomendaron un par de botas hechas a la medida, que tenían cordones amarrados desde los dedos hasta las rodillas. Luego le colocaron unos cables metálicos que pasaban por debajo de las botas y subían por los costados; estaban sujetos por una armadura alrededor de las caderas. Estos cables obligaban a sus piernas a mantener una posición recta, pero eran lo suficientemente flexibles como para permitirle a Paul correr y saltar. Los usó todos los días, excepto para dormir, durante siete meses. Fueron muy efectivos ya que dejaron a Paul listo para usar las prótesis en las piernas.

Mientras tanto, ya habían comenzado a trabajar en la prótesis de su brazo derecho. La primera vez que Paul se la probó, los doctores le pasaron un juguete para que lo agarrara con el gancho. Lo pasó de la mano derecha a la mano izquierda y luego lo devolvio, tomándolo con el gancho nuevamente. La Sra. Jockimo nunca se ha olvidado de la sonrisa de felicidad de Paul al darse cuenta que tenía dos "manos".

Cuando Paul tenía cuatro años, le operaron la mano izquierda. Al nacer, la primera articulación del dedo índice estaba pegada al pulgar, y el dedo anular estaba pegado al meñique. Entre medio había una maraña gruesa de piel. Sin cirugía, Paul nunca habría sido capaz de abrir y cerrar la mano. La Dra. Jaramillo le muestra a los estudiantes lo bien que puede usar ahora Paul su mano izquierda.

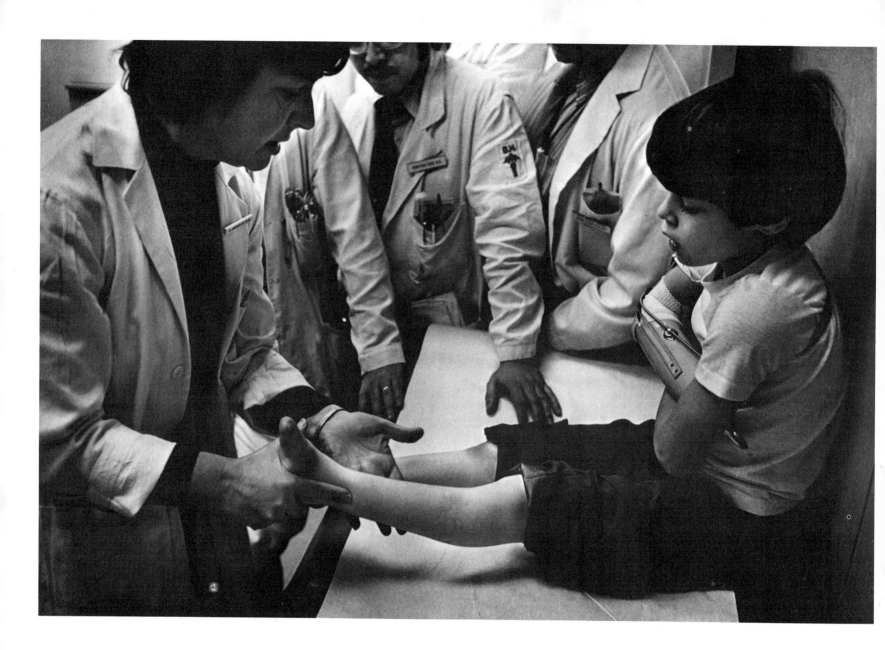

—Bueno, Paul. Me parece que estás muy bien—, dice la Dra. Jaramillo al terminar de examinarlo. —Puedes vestirte; y gracias por tu ayuda.

Después del almuerzo, van a la terapia ocupacional infantil donde los recibe la Sra. Alma Klindera, terapeuta de mayor antigüedad. Hace varios años atrás Paul tenía una sesión de terapia semanal. La Sra. Jockimo pidió esta cita hoy, para que la terapeuta instruya a Paul sobre el uso del cuchillo y el tenedor.

—¿Te gustaría tratar de tirar una flecha con el arco, Paul? —pregunta la Sra. Klindera.

—¡Caray! ¿A qué le disparo?

La Sra. Klindera pega un blanco en la pared y le ayuda a Paul a colocar sus brazos en buena posición, mientras Paul tira la cuerda del arco hacia atrás con la mano izquierda. Lanza la flecha pero no le da al blanco. Debe elevar el ángulo en la parte delantera de la flecha y recordar que tiene que deslizarla sobre la base del gancho.

—Inténtalo ahora tú solo—, dice la Sra. Klindera. Paul apunta cuidadosamente una vez más. —Más alto, Paul. Y apoya la flecha.

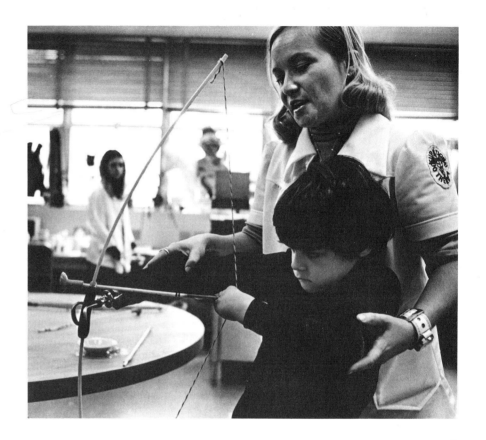

Lanza la flecha de nuevo y esta vez sí le da en el blanco. Sin embargo, no queda satisfecho, pues él quiere darle al centro del blanco. Después de seis intentos más, casi lo logra. Quiere continuar pero la Sra. Klindera tiene otros planes.

—Está muy bien, Paul—, dice. —Ahora hagamos otra cosa. Muéstrame cómo manejas el cuchillo y el tenedor.

—¿Realmente tengo que hacerlo, Alma?

—Creo que sería buena idea—, responde ella firmemente. Pone la mesa, y coloca sobre un plato pedazos grandes de dulces cubiertos con chocolate.

—Bueno, Paul. Cuando termines de cortar los dulces puedes comértelos.

—Si me los como inmediatamente, podríamos ahorrar bastante tiempo—, dice Paul.

—Es verdad. Pero piénsalo; nadie te va a cortar la comida, ni siquiera tu mamá; y no puedes vivir de pan y hamburguesas por el resto de tu vida.

Paul toma el cuchillo y se lo pone en el gancho. Encuentra muy difícil sujetarlo, pues tiene que usar la presión adecuada y controlarlo. La Sra. Klindera le corrige los errores.

Usar el tenedor no es mucho problema. Agarrándolo arriba de los dientes, lo tiene seguro y puede concentrarse para controlar el cuchillo.

—Lo estás haciendo bien—, dice la Sra. Klindera. —Todo lo que necesitas es práctica. Eso significa que tienes que usar cuchillo y tenedor por lo menos en una comida al día. Ahora puedes comerte los dulces.

Paul pesca un pedazo con la mano y está a punto de comérselo, cuando la Sra. Klindera lo detiene. —No—, insiste. —Usa el tenedor; para eso es.

La Sra. Klindera trae un juego de autos de madera con pistas para hacerlos correr. Paul los coloca sobre los rieles mientras ella lo observa. Los autos están unidos, unos a otros, por un pequeño ganchito de metal. Para una persona impedida, hacer esto no es nada facil. Los eslabones de metal son chicos y estan muy juntos, así que Paul tiene que usar su gancho y mano muy delicadamente. Pronto, él tiene todos los autos unidos y dando vueltas por la pista a toda velocidad. De vez en cuando alguno se cae y tiene que volver a unirlos todos.

—Va muy bien, Paul—, dice la Sra. Klindera.

Finalmente ella revisa la coordinación de la mano y el gancho mientras Paul está trabajando con una herramienta. Le hace juntar tres bloques de madera, pasando un tornillo grande de metal a través de ellos y luego asegurándolo con una tuerca. Tomando la tuerca con el gancho, trata de insertar la punta del desatornillador en la ranura, al otra extremo del tornillo, para apretarlo. Pero el desatornillador se le resbala fácilmente.

La Sra. Klindera lo anima. —Con calma. Ya te acostumbrarás a usarlo.

Mientras él continúa con este trabajo, la Sra. Klindera aprovecha de conversar con su mamá. —Quiero felicitarla por el buen trabajo que está haciendo con Paul.

—¿Yo? Paul es el que hace todo el trabajo. Yo solamente lo animo para que siga sus indicaciones.

—Eso es justamente—, dice la Sra. Klindera. —Lo ha obligado a usar sus prótesis todos los días. Ojalá todas las mamás hicieran lo mismo. Se sorprendería si supiera cuántas madres desaniman a sus hijos y los avergüenzan. Ud. debe haber pasado por momentos en que estuvo tentada de hacer lo mismo.

—Sí, es verdad—, dice la Sra. Jockimo, y le cuenta un incidente que sucedió una mañana, poco después que Paul empezó a ir la escuela. Estaba a punto de ayudarle a Paul a ponerse la prótesis del brazo, cuando él lo escondió de un tirón, gritando:

—¡No quiero que me pongas eso nunca más!— Algunos de sus compañeros se habían burlado de él, a causa del gancho.

Por un momento la Sra. Jockimo no supo qué decir. Paul estaba sentado en el mesón de la cocina y había un lápiz a su derecha. —Bueno—, le dijo su madre. —Voy a hacer un trato contigo. Si puedes tomar ese lápiz sin la prótesis, no tendrás que usarla—. Ella tomó su mano izquierda y la sostuvo firmemente.

Paul no tenía salida y comprendió. Lentamente sacó el brazo derecho que tenía escondido en la espalda. —Bueno, mamá—, dijo. —Creo que es mejor que me la pongas.

—Si Ud. hubiera cedido en ese instante—, dice la Sra. Klindera, —todavía estaría tratando que usara la prótesis en vez de estar ayudándolo a que la use tan bien como lo hace actualmente. ¡Mírelo ahora!

Paul ha separrado y atornillado los bloques tres veces. Se termina la sesión, la Sra. Klindera lo abraza y le dice: —Sigue trabajando bien. Estoy orgullosa de tí.

Del instituto, Paul y la Sra. Jockimo van a los laboratorios Eschen, donde los recibe el Sr. John Eschen, hijo.

—Hola, Paul. Supe que habías roto tu prótesis nuevamente. Lo creas o no, es bueno; significa que la estás usando mucho. Veámosla.

La familia Eschen se ha destacado, por varias generaciones, en su dedicada tarea de fabricar prótesis. Todo el trabajo que ellos hacen para Paul está basado en recomendaciones que les da el I.R.M.

El Sr. Eschen le saca la prótesis de la pierna. La parte delantera a la altura del tobillo, está totalmente partida y se abriría completamente con sólo un poco más de presión. El Sr. Eschen la lleva al laboratorio para acordar con uno de los técnicos el modo de repararla.

Cuando vuelve a la sala de examen, dice: —Creo que podemos resolver el problema, pero para estar seguros, es mejor hacer otro molde de la pierna para una prótesis nueva. Tenemos que tomar en cuenta que has crecido un poquito desde que hicimos la última.

—Por mí, no hay problema—, dice Paul entusiasmado. El encuentra todo este proceso fascinante.

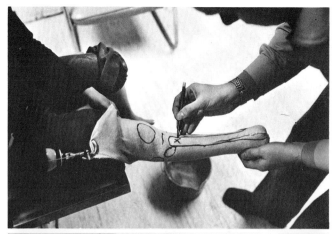

El Sr. Eschen llena un balde con agua, y le echa yeso y una venda para que se remoje. Le pone un calcetín de algodón blanco a Paul y le pide que lo sujete firme. Con tinta indeleble, marca en el calcetín, todos los huesos que sobresalen en la pierna de Paul.

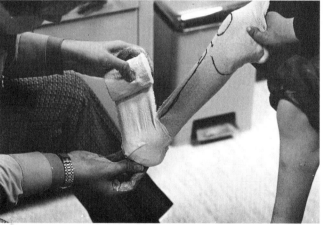

En estos momentos, la venda ya esta remojada y lista para usar. El Sr. Eschen la saca del agua, y lentamente comienza a envolver la pierna y el pedazo de pie de Paul, con ella.

Paul debe mantener la pierna totalmente quieta hasta que el yeso se endurezca. Las marcas de tinta del calcetín pasarán a la superficie interna del molde que esta húmedo, y luego servirán de guía.

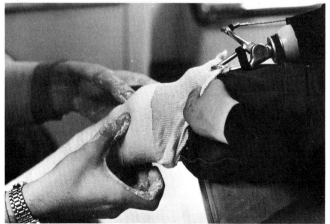

Hacer prótesis es una ciencia y un arte, pues no hay dos individuos iguales. Fabricar una prótesis perfecta para la persona que la va a usar es casi siempre un cuidadoso proceso de prueba y error. A Paul le probaron varios diseños distintos, pero todos los quebraba, especialmente la prótesis de la pierna derecha, debido a que está compuesta de dos partes.

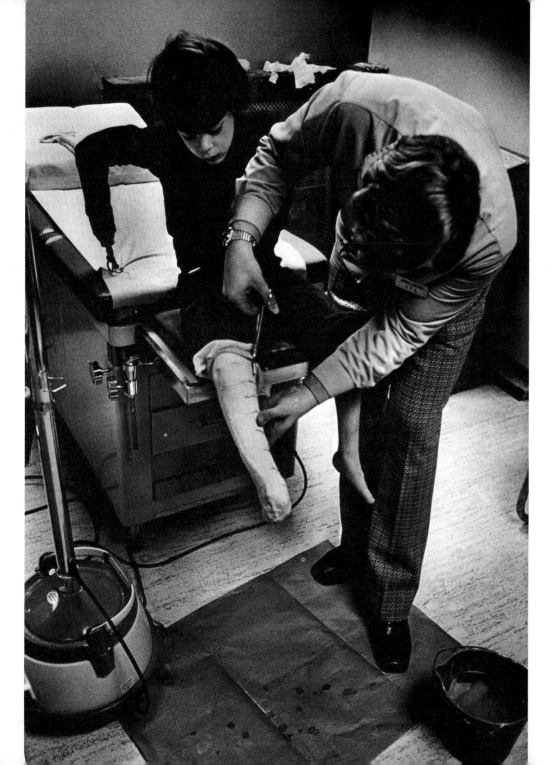

El actual diseño fue logrado después de una serie de estudios y mucho esfuerzo, pero aquí tenemos a Paul, una vez más, con la prótesis de la pierna derecha quebrada.

El molde de la pierna ya se ha secado y endurecido y está listo para sacarlo. El Sr. Eschen tomo la cortadora de yeso eléctrica y hace un corte a través de todo un lado del molde. Luego marca suavemente unas líneas paralelas a la abertura, para poder unir perfectamente las dos partes una vez que esté hecho el molde. Luego hace un corte final en el calcetín, con unas tijeras para cortar yeso, quita el molde, y lo lleva al laboratorio.

Se le echa yeso al vendaje, para que al endurecerse, forme el molde; luego este vendaje enyesado se bota.

El molde se coloca sobre una base sujeta en un soporte de metal, y comienza el complicado procedimiento de laminado. Primero se esparce un compuesto de separación, sobre el molde, para que después sea fácil quitarlo. Luego se coloca una capa de fibra de vidrio hilado y sobre ésta se ponen varias capas adicionales de materiales sintéticos. Finalmente se echa un agente adhesivo sobre las capas anteriores, usando una bolsa plástica a presión. Esta es la parte más importante del proceso, ya que el técnico tiene solamente quince minutos para completar el armazón de base. Si los materiales se endurecen antes que termine el armazón, debe empezar todo el proceso nuevamente. En este caso, queda bien la primera vez. Pero queda mucho trabajo todavía y la prótesis de Paul estará lista en un mes, más o menos.

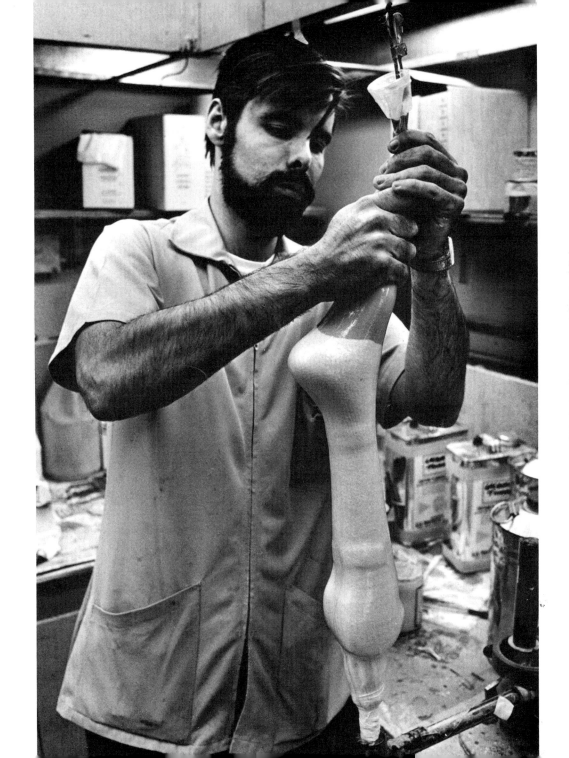

Ya casi está terminado el arreglo de la prótesis quebrada. El Sr. Eschen la sostiene, mientras un técnico aprieta los remaches donde van las correas. Para evitar que la prótesis se parta nuevamente, le han fijado en la parte externa dos barras de acero, usando plástico líquido.

El. Sr. Eschen le pone la prótesis a Paul y le ayuda a ponerse los zapatos. Luego, críticamente lo observa caminar por el corredor para ver las características de su modo de andar. Comienza el trabajo para Paul nuevamente.

De vuelta a casa, la Sra. Jockimo reflexiona alegremente sobre el largo pero productivo día que han tenido. Paul está ansioso y en libertad para concentrarse en la próxima exhibicíon de caballos, el día sábado.

El sábado en la mañana, toda la familia se dirige a la granja Los Cuatro Sueños. Dody también va a participar en la exhibición, que es la última de la temporada. Pronto hará demasiado frío para esos acontecimientos al aire libre, pero hoy todos están de suerte, ya que el tiempo está maravilloso y el día asoleado.

Cuando llegan, Shiloh ya está limpio y ensillado, pues Pam y Fred han estado trabajando mucho.

Paul está muy serio. Se ha estado preparando mentalmente toda la semana, para esta presentación. Después que Paul hace caminar a Shiloh por diez minutos para que entre en calor, Pam le ayuda a montarlo; le pone una tarjeta con un número en la espalda y ahora Paul es responsable de lo que haga.

—¡Atención!—grita el juez.
—Se les ruega a los participantes
dirigirse al campo de competencia para darles las intrucciones.

Paul y los demás van hacia
la puerta.

—Esta va a ser una lección
de cómo caminar—, dice el juez.
—Manténganse bien separados y
junto a la valla. Cuando yo dé la
señal, se dan vuelta. Voy a
pedirles que hagan esto varias
veces. Si un caballo se desboca o
un jinete se cae, todos deben detenerse inmediatamente. ¿Está
claro? Entren al campo de competencia, por favor.

Una vez que están todos los
jinetes adentro, el asistente del
juez cierra la puerta. Su trabajo
es ayudar al juez, para que éste
no se distraiga y esté libre para
hacer sus evaluaciones.

A medida que los concursantes van pasando, el juez estudia su actuación y toma nota.
Paul da su tercera vuelta por el
campo de competencia; va muy
concentrado.

—¡Den vuelta! —grita el juez.

Shiloh lo hace rápidamente. Paul tiene el caballo muy bien controlado.

Después de cuatro cambios más de dirección, el asistente le pide a los participantes que formen una línea en el centro del campo para inspección individual. Prácticamente todos están muy nerviosos en este momento; incluso los caballos. El ayudante sostiene el freno de cada caballo, mientras el juez revisa lentamente a los concursantes y les dice lo que hicieron incorrectamente. Cuando llega el turno de Paul, Shiloh se impacienta, pero Paul lo controla calmándolo.

—Lo siento—, dice el juez a Paul, —pero te falta un poquito de control en los pies. Sin embargo, lo hiciste muy bien.

El juez no tiene idea que Paul tiene algo malo en los pies.

El juez sigue inspeccionando al último jinete del grupo y luego anuncia que solamente va a dar tres premios.

—Primer lugar, cinta azul. Número cuatro—, dice el juez.

Una niña de doce años de edad se adelanta para recibir su premio en medio de los aplausos de sus padres y amigos.

—Segundo lugar, cinta roja. Número seis—, dice el juez.

Nadie se mueve. Dody que está sobre su caballo al lado de Paul, le mira la espalda y le dice: —¡Número seis! Ese eres tú Paul. ¡Anda!

Debido a los comentarios del juez, Paul estaba seguro que no ganaría ningún premio. ¡Se había olvidado cuál era su número! Pero ahora se adelanta orgullosamente a recibir su premio.

Pam y la Sra. Jockimo se abrazan y gritan de alegría. —¡Así, hijo, asi! —grita el papá de Paul.

—¡Así se hace!— grita Fred. —¡Tienes que creer!

Dody también recibe sus aplausos, pues gana el tercer lugar.

Por mucho tiempo Paul ha deseado andar libremente sobre Shiloh por los senderos de la granja. Le ha pedido a Pam que lo deje, pero ella siempre insiste en guiar a Shiloh por el freno mientras Paul está montado. Paul piensa que ésta podría ser una buena oportunidad para pedírselo de nuevo.

—No sé—, dice Pam. Luego volviéndose a la mamá de Paul, le pregunta,—¿Qué dices tú?

—No me preguntes a mí. Tú eres la que manda. Si tú crees que no está preparado para eso, no hay más que hablar.

—Bueno, viendo lo bien que lo hiciste hoy, Paul, creo que te dejaré. Pero yo voy a ir delante de tí. Tú, sígueme nada más, y anda al paso, no intentes hacerlo trotar.

Paul grita de alegría. Pam monta a otro caballo y parten hacia el sendero.

La mamá de una de las alumnas de Pam felicita a los papás de Paul. Volviéndose a la mamá le dice: —¿Cómo lo hace, pobre niño? No puedo dejar de sentir lástima por él.

La Sra. Jockimo lo piensa por un momento y luego responde: —Ud. sabe que el papá de Paul y yo tenemos mucha suerte. No sé qué hicimos para merecer un hijo como Paul. Da a nuestras vidas una fuerza muy especial. Se pudiera pedir un solo deseo, pediría que Paul fuera, el resto de su vida, tan feliz como es en estos momentos. Sé que cuando él crezca, no habrá mucha gente que se preocupe por él como nos preocupamos nosotros. Pero así es la vida; y creo que Paul estará listo cuando tenga que enfrentar esos problemas. No—, dice finalmente, —no sienta lástima por Paul. El no la necesita.

EL COMIENZO